Knipp, Kohl & Klaben

Knipp, Kohl & Klaben

Bremer Kult-Rezepte

Illustriert von Julia Beutling

Carl Schünemann Verlag

Inhalt

Die Mengenangaben gelten für 4 Personen.

Heimat am Herd

»Kohl und Pinkel« gehört zu Bremen wie Grün-weiß zu Werder. Und die Bremer Küche hat noch viel mehr köstliche Kultrezepte zu bieten: von der Aalsuppe bis zum Knipp, vom Labskaus bis zum Weserstint, vom Rotkohl bis zum Steckrübeneintopf, vom Klaben bis zum Kaffeebrot.
Dieses Kochbuch spiegelt die kulinarische Vielfalt unserer Heimatküche aus Bremen und umzu wider. Küche ist Kultur, und traditionelle Gerichte sind ein wichtiger Teil der Regionalkultur. So schön es ist, exotisch zu kochen und zu essen – so schön ist es eben auch, die Gerüche und Geschmäcker der Kindheit wiederzuentdecken. Diese Nostalgie hat Illustratorin Julia Beutling wunderbar bildhaft umgesetzt.

Der Bremer Küchenfreund findet hier aber nicht nur einen Schatz an alten Kindheits-Rezepten und appetitlichen Bildern, sondern auch Unterhaltsames, Literarisches, Informatives und Komisches rund um die Bremer Küche. Lassen Sie es sich schmecken!

Corinna Fritsch
Bremen, Februar 2017

Vorspeisen, Suppen & Salate

Wer hat hier das Sagen?

Die Hochzeitssuppe ist nicht nur eine klassische Vorspeise beim Grünkohl-Essen, sie wird nach wie vor auch gern auf Hochzeiten gereicht. Der Tradition folgend teilen sich Brautleute einen Teller. Dabei schauen die Gäste ganz genau hin: Wer zuerst den Löffel eintaucht, entscheidet angeblich, wo es in der Ehe langgeht. Allerdings kann derjenige, der das Nachsehen hatte, alles wieder ausgleichen: Wer beim gemeinsamen Anschneiden der Hochzeitstorte die Hand obenauf hat, hat im gemeinsamen Heim angeblich wirklich das Sagen …

Bremer Hochzeitssuppe

1 Suppenhuhn

1 Bd. Suppengemüse

1 Blumenkohl oder 1 kg Spargel

500 g Suppennudeln

4 Eier

4 EL Milch

Salz & Pfeffer

Suppenhuhn gründlich waschen und Innereien entfernen. Suppengemüse waschen, putzen und klein schneiden. Huhn und Gemüse in einen großen Topf geben und so viel Wasser auffüllen, dass alles bedeckt ist. Aufkochen lassen und anschließend bei wenig Hitze 1 bis 1 ½ Stunden ziehen lassen. Das Wasser soll nicht mehr kochen. Blumenkohl bzw. Spargel putzen, in mundgerechte Stücke schneiden und in Salzwasser garen. Nudeln bissfest kochen.
Eier in einer Schüssel aufschlagen und mit Milch und etwas Salz verrühren. Masse in einer großen Schüssel im Wasserbad ziehen lassen, bis sie fest ist. Eierstich stürzen und in Würfel schneiden.
Sobald das Huhn gar ist, herausnehmen und das Fleisch vom Knochen lösen. Haut entfernen und Fleisch klein schneiden.
Hühnerbrühe mit Salz und Pfeffer abschmecken. Gemüse, Nudeln, Fleisch und Eierstich hinzugeben und auf Esstemperatur erwärmen. Nicht kochen.

Stammt die Aalsuppe nicht aus Hamburg?

Ja und nein. In der *Oekonomischen Encyklopädie* von J. G. Krünitz aus dem Jahr 1782 heißt es, die Aalsuppe sei »ein Gericht für gemeine Leute, an denen Orten, wo diese Fische in Menge anzutreffen sind«.
Und tatsächlich gibt es sowohl Rezepte für eine Holländische Aalsuppe als auch für eine Lübecker und Mecklenburger – und eben auch eine Bremer.
Die bekannteste ist aber die Hamburger Aalsuppe, die typischerweise mit Petersilienwurzeln, Thymian, Majoran und Petersilie zubereitet wird.

Bremer Aalsuppe

250 ml Milch
30 g Butter
1 Prise Salz & Zucker
125 g Mehl
1 gr. Ei
1 mittelgr. küchenfertiger Aal (375–500 g)

750 g verschiedenes Gemüse
(z. B. Erbsen, Kohlrabi, Spargel, Möhren, Bohnen)
40 g Butter
30 g Mehl
2 l Wasser
2 EL gehackte Kräuter
Salz & Pfeffer

Milch, Butter, Salz und Zucker zum Kochen bringen. Das Mehl unter ständigem Rühren hinzugeben und bei niedriger Temperatur so lange rühren, bis die Teigmasse sich vom Topf löst. Das Ei vorsichtig unterrühren. Aus dem Teig kleine Klöße formen. Beiseite stellen. Gemüse waschen, putzen und in mundgerechte Stücke schneiden. Die Hälfte der Butter in einem großen Topf zerlassen und das Gemüse darin andünsten. Mit Wasser ablöschen. Aal in mundgerechte Stücke teilen und in die kochende Suppe geben. Aus restlicher Butter und Mehl eine Schwitze zubereiten und mit der Suppenflüssigkeit auffüllen. Klöße hinzugeben und im offenen Topf garen. Mit Kräutern, Salz und Pfeffer abschmecken.

Mock Turtle – Kalb im Schildkrötenpanzer

Die echte Schildkrötensuppe oder Turtle Soup war aus der Not geboren: Gingen die Vorräte an Bord eines Schiffs zur Neige, griff der Smutje kurzerhand zur Angel – und nahm, was das Meer ihm gab. Zum Beispiel Schildkröten. Irgendwann wurden diese so selten, dass sie zur Delikatesse aufstiegen.
Von da an waren Schildkröten für den einfachen Bremer schlicht unerschwinglich. Kälber dagegen waren reichlich verfügbar. Der Bremer, von Natur aus praktisch veranlagt, kochte sich seine Schildkrötensuppe von nun an eben aus Kalbfleisch … Und nannte sie »Mock Turtle Soup«, wobei »to mock« so viel bedeutet wie »etwas vortäuschen«. (Es kann übrigens auch »lächerlich machen« heißen. Vielleicht wollten die Bremer sich mit dieser Suppe auch einfach über die Schickimicki-Küche lustig machen. Zuzutrauen wäre es ihnen!)

Mockturtlesuppe

0,5 Kalbskopf
(alternativ 750 g Kalbfleisch)
40 g Schinkenspeck
Suppengemüse
1 Zwiebel
3 l Kalbs- oder Gemüsebrühe
etwas Rotwein

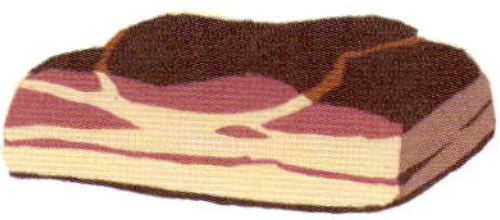

Kalbskopf gründlich waschen, Fleisch in Streifen abschneiden. Suppengemüse, Zwiebel und Schinkenspeck anbraten, Fleisch dazugeben und leicht bräunen.
Mit Gemüsebrühe auffüllen und bis zur gewünschten Konsistenz kochen lassen. Mit Rotwein abschmecken.

Bier zum Frühstück

Kaum zu glauben: Biersuppe war früher die beliebteste Frühstücksmahlzeit – nicht nur in Bremen, sondern in ganz Deutschland. Denn sie machte schnell satt und stärkte. Die Zutaten waren verhältnismäßig günstig. Und man hatte nicht nur etwas Warmes im Magen, man nahm auch Flüssigkeit zu sich. Das Trinkwasser war damals nämlich ungenießbar.
Kaffee und Brot zum Frühstück liefen erst ab dem 17. Jahrhundert der Biersuppe den Rang ab. Das erste Kaffeehaus Deutschlands öffnete übrigens im Jahr 1673 in Bremen seine Pforten. Der Rat der Stadt Bremen genehmigte dem Niederländer Jan Jahns von Huisten die Eröffnung, um den Alkoholkonsum der Bevölkerung einzudämmen. Das gelang – zum Glück.
Danken wir im Nachhinein unseren Bremischen Vorfahren, dass wir heutzutage alkoholfrei in den Tag starten dürfen. So eine Biersuppe ist trotzdem etwas Feines – aber vielleicht lieber am Abend …

Biersuppe

500 ml Milch

2 Flaschen Bier

125 ml Wasser

2 EL Mehl

3 Eigelb

Zucker

Mehl in warmem Wasser andicken. Milch aufkochen und das angedickte Mehl hinzugeben. Alles etwa 5 Minuten kochen lassen. Bier in einem zweiten Topf erhitzen, anschließend zur Milchmischung geben. Topf vom Herd ziehen.
Verquirltes Eigelb und Zucker nach Geschmack unterrühren.

»Graupe« im Thesaurus

Versager
Verlierer(typ)
Blindgänger
Nichtskönner
Flasche
Loser
Krücke
Null
Lusche
Luschi
Niete
Nulpe
Schwachmat
Krücke
Wurst
Würstchen

Wortwörtlich also eine »Loser-Suppe« …
Schmeckt aber trotzdem!

Graupensuppe

1 Pck. Perlgraupen

100 g Speck

40 g Butter

Suppengemüse

1 Zwiebel

2 l Gemüsebrühe

Salz & Pfeffer

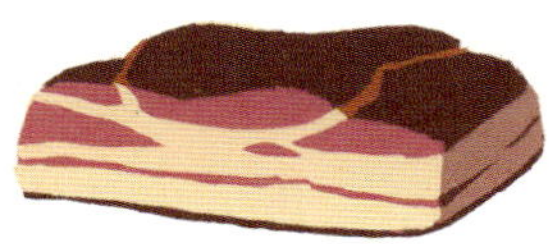

Graupen abbrausen. Speck und Zwiebeln in kleine Würfel schneiden, anschließend in der zerlassenen Butter in einem großen Topf anbraten. Mit der Gemüsebrühe ablöschen.
Graupen dazugeben, aufkochen und in etwa 20 Minuten weich kochen. Suppengemüse putzen und klein schneiden, in den Topf geben und alles nochmals etwa 10 Minuten köcheln lassen.
Mit Salz und Pfeffer abschmecken.

Flieder ist nicht gleich Flieder

Hier in Norddeutschland sagt man zu Holunderbeeren Fliederbeeren. Das sorgt für einige Verwirrung, denn fragt man einen älteren Norddeutschen nach einem Flieder, wird er auf einen Schwarzen Holunder zeigen. Der Gemeine Flieder heißt bei uns nämlich »Pingsterbloom«. Und der hat keine Beeren, aus denen man Saft herstellen könnte. Ganz schön verwirrend …
Auf jeden Fall müssen Sie für dieses Rezept nicht mühselig nach dem richtigen Saft suchen – mit Holunderbeersaft aus dem Supermarktregal liegen Sie genau richtig.

Fliederbeersuppe

750 ml Fliederbeersaft (Holunderbeersaft)

300 ml Wasser

2 Gewürznelken

1 Stange Zimt

100 g Zucker

2 EL Speisestärke

2–3 saure Äpfel

150 g Grieß (Hartweizengrieß)

1 Pck. Vanillezucker

500 ml Milch

5 TL Zucker

1 Ei

Milch zum Kochen bringen und Grieß, Zucker und Vanillezucker nach und nach einrühren, bis die Masse fester wird. Dann Topf vom Herd nehmen und das Ei unterrühren. In eine Schüssel füllen, abkühlen und fest werden lassen.

Fliederbeersaft mit dem Zucker aufkochen. Zimt und Nelken dazugeben. Speisestärke mit Wasser anrühren und den Saft damit binden.

Äpfel schälen und in Würfel schneiden. Die Apfelstückchen kurz in der Suppe erhitzen.

Zum Schluss Nocken aus dem Grieß formen und in die warme Suppe legen.

Hans Hamm

Nein, Hans Hamm ist kein Bremer Original. Auch keine Hamburger Persönlichkeit. »Hans Hamm« ist eine alte Kirschsorte, die seit Jahrhunderten im Alten Land angebaut wird.
Die roh kaum genießbaren Süßkirschen entfalten nach dem Kochen ein wunderbares Aroma und sind für die Kirschsuppe besonders gut geeignet. Leider ist diese Sorte fast ausgestorben … Doch es gibt Alternativen – fragen Sie am besten den Markthändler Ihres Vertrauens nach einer geeigneten Kirsche.

Kirschsuppe mit Grießklößchen

500 g Kirschen
400 ml Wasser
1 Stück Zitronenschale
2 EL Speisestärke
3 EL Zucker
1 Pck. Vanillezucker

250 ml Milch
70 g Grieß
20 g Zucker
1 Prise Salz
1–2 Eigelb

Kirschen entsteinen, mit 300 ml Wasser und der Zitronenschale zum Kochen bringen. Ca. 5 Minuten köcheln lassen. Speisestärke im restlichen Wasser auflösen, die Suppe damit binden. Zitronenschale herausnehmen, Zucker und Vanillezucker einrühren. Suppe erkalten lassen, ab und zu umrühren.

Milch zum Kochen bringen, Grieß, Zucker und die Prise Salz langsam mit dem Schneebesen einarbeiten. Das Ganze ein paar Minuten kochen und dann von der heißen Platte nehmen. Mit dem Eigelb legieren.

Wasser in einem großen Topf zum Kochen bringen. Aus der Grießmasse kleine Klößchen formen (am besten mit zwei angefeuchteten Teelöffeln) und ins kochende Wasser geben. Etwa 5 Minuten ziehen lassen. Dann mit dem Schaumlöffel entnehmen, abtropfen lassen und in die Suppe geben.

Der Hamburger der Weser

Die Hamburger haben ihren Hamburger, die Bremer ihren Bremer.
Der »Burger von der Weser« ist der Figur dabei etwas zuträglicher: Den etwa 150 Kalorien pro 100 Gramm bei der Fischfrikadelle stehen etwa 210 Kalorien bei der Rindfleisch-Variante entgegen.

Bremer

500 g Fischfilet

1 Zwiebel

Salz

Senf

Petersilie

1 Ei

1 EL Paniermehl

4 Brötchen

4 Blätter Eisbergsalat

4 Cornichons

Ketchup, Remoulade, Röstzwiebeln

Öl

Fischfilet waschen, zerteilen und mit dem Pürierstab zerkleinern. Fischmasse, Zwiebel, Ei und Paniermehl zusammenfügen, mit Salz, Senf und Petersilie nach Geschmack würzen und gut durchkneten. Zu Frikadellen formen und mit reichlich Öl in der Pfanne goldbraun braten.

Cornichons in Scheiben schneiden. Brötchen aufschneiden. Eine Brötchenhälfte mit Ketchup, die andere mit Remoulade bestreichen. Untere Brötchenhälfte mit jeweils einem Blatt Salat, einigen Cornichon-Scheiben und Röstzwiebeln belegen. Die heiße Fischfrikadelle darauf legen und mit der oberen Brötchenhälfte abdecken.

Vorschriften zum Fleischsalat

Auszug aus dem Deutschen Lebensmittelbuch, Abschnitt II A:
»Als Salate mit Fleisch und/oder Fleischerzeugnissen gemäß Abschnitt I B Nr. 1 werden gegebenenfalls unter Verwendung von Zutaten gemäß Abschnitt I B und der im Folgenden jeweils aufgeführten charaktergebenden Zutaten insbesondere hergestellt:

Fleischsalat
Ausgangsmaterial: Fleisch und/oder Fleischsalatgrundlage und/oder Brühwurst, mindestens 25 % Mayonnaise und/oder Salatmayonnaise.
Gurken als einziges Gemüse und würzende Zutaten, höchstens 25 %.«

In diesem Sinne hält unser Fleischsalat nicht nur die Vorschriften ein: Mit 75 % Fleischanteil stellt er jedes Supermarkt-Pendant in die Ecke.

Bremer Fleischsalat

250 g Kalbsbraten

250 g Zunge

250 g saure Gurken

250 g Mayonnaise

Öl, Essig & Salz

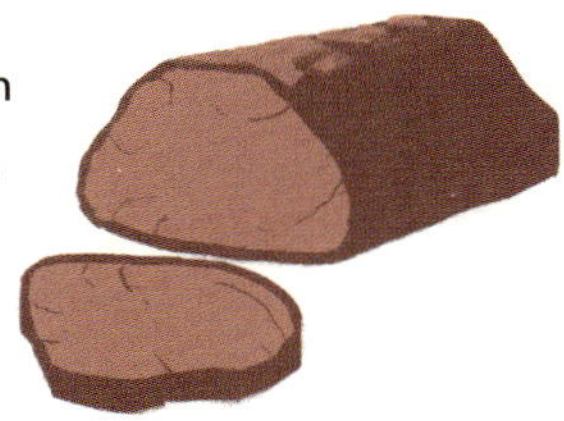

Gurken abtropfen lassen. Fleisch und Gurken in feine Streifen schneiden.
Alles mit Mayonnaise vermengen und mit Öl, Essig und Salz abschmecken.

Vom Hering

Der Hering ist ein salzig Tier,
er kommt an vielen Orten für.
Wer Kopf und Schwanz kriegt, hat kein Glück.
Am besten ist das Mittelstück.
Es gibt auch eine saure Art,
in Essig wird sie aufbewahrt.
Geräuchert ist er alle Zeit
ein Tier von großer Höflichkeit.
Wer niemals einen Hering aß,
wer nie durch ihn von Qual genas,
wenn er mit Höllenpein erwacht,
der kennt nicht seine Zaubermacht!
Drum preiset ihn zu jeder Zeit,
der sich der Menschheit Wohl geweiht,
der heilet, was uns elend macht,
dem Hering sei ein Hoch gebracht.

Heinrich Seidel (Deutscher Schriftsteller, 1842–1906)

Heringssalat

8 Filets vom Bismarckhering
3 Rote-Bete-Knollen
150 g Knollensellerie
4 mittelgr. Gewürzgurken
3 mittelgr. Kartoffeln
3 hart gekochte Eier
1 gr. Apfel
1 Handvoll Kapern
1 TL eingelegte grüne Pfefferkörner
1 gr. Zwiebel
350 ml saure Sahne
1 Klecks Mayonnaise
1 Handvoll Walnusskerne
1 Schuss Apfelessig
Salz

Rote-Bete-Knollen ca. 45 Minuten gar kochen. Anschließend häuten und in kleine Würfel schneiden. Sellerie würfeln. Kartoffeln bissfest garen und ebenfalls würfeln. Alles miteinander vermischen. Äpfel und Gurken würfeln, zusammen mit Kapern und grünem Pfeffer dazugeben. Zwiebeln und Walnüsse fein hacken. Das Eiweiß würfeln und alles zusammen in eine Schüssel geben. Den Hering in Streifen schneiden. Saure Sahne mit Mayonnaise und Apfelessig vermischen. Nun in die Schüssel gießen und alles gut miteinander verrühren. Den fertigen Heringssalat kalt stellen und vor dem Servieren mit Salz abschmecken.

Ist denn schon wieder Weihnachten?

In jedem vierten deutschen Haushalt gibt es an Heiligabend Kartoffelsalat mit Würstchen. Auch in Bremen hat das eine lange Tradition. Besonders festlich ist dieses Gericht natürlich nicht … Wieso hat es sich dann durchgesetzt?
Ganz einfach: Die Festvorbereitungen waren früher vielen Hausfrauen schon anstrengend genug – da sollte das Essen an Heiligabend einfach und gut vorzubereiten sein. Außerdem stehen zwei Feiertage vor der Tür, an denen in der Regel die Verwandtschaft zu Besuch kommt – und der Gänsebraten auf den Tisch. An Heiligabend soll es also gemütlich zugehen. Was eignet sich da besser als ein leckerer Bremer Kartoffelsalat?

Bremer Kartoffelsalat

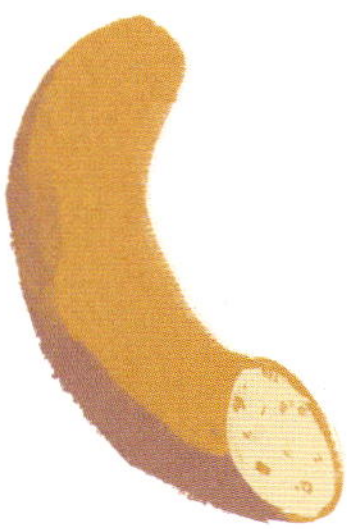

1 kg Pellkartoffeln

500 g Fleischwurst

2–3 EL Öl

Essig n. B.

1 Zwiebel

Salz

1 Prise Zucker

Kartoffeln in Scheiben schneiden und mit etwas kochendem Wasser überbrühen. Fleischwurst und Zwiebel würfeln. Alle Zutaten miteinander vermengen und gut durchziehen lassen.

Mit rohem Gemüse wie Gurke, Radieschen, Tomaten oder gekochtem Gemüse wie Erbsen, Bohnen oder Sellerie kann man diesen Salat immer wieder neu abwandeln. Auch kann man Fisch statt der Fleischwurst verwenden.

Fisch & Meeresfrüchte

Aale würfeln

Auf norddeutschen Jahrmärkten – und so auch auf dem Bremer Freimarkt – gehört das »Aale würfeln« traditionell dazu. Mit der richtigen Zahlenkombination bekommt man ein schönes Exemplar geschenkt.
Allerdings sollte man sein Glück erst zum Ende des Freimarktsbesuchs herausfordern: Mit einem Aal im Gepäck wird das Karussellfahren sonst zur Herausforderung.

Aalfrikassee

1 kg frischer Aal

Essig

Salz

1 EL Butter

2 Zwiebeln

1 l Brühe

1 TL Mehl

200 g Champignons

1 EL Butter

1 EL Mehl

etwas Zitronensaft

Muskatnuss

Aal häuten und in Stücke schneiden. Mit etwas Essig beträufeln, salzen und etwa 1 Stunde ruhen lassen. Abspülen und trocken tupfen. Zwiebeln würfeln, in der Butter anbraten, Aal dazugeben. Mit der Brühe ablöschen, gar kochen und aus der Brühe nehmen. Champignons in der Brühe kochen.

Aus Butter und Mehl eine Schwitze herstellen, damit die Aalbrühe andicken. Mit Muskatnuss, Zitronensaft und Pfeffer abschmecken. Champignons und Aalstücke dazugeben und noch kurz ziehen lassen.

Dazu passt Reis.

Der grüne Hering

Ist der grüne Hering eigentlich eine spezielle Art?
Nein, er wird »grün« genannt, wenn er frisch – also nicht eingelegt – ist. Dann hat er nämlich eine leicht grünliche Farbe.

Gebratene grüne Heringe

4 gr. frische Heringe

Roggenmehl

Öl

Salz

Heringe schuppen, ausnehmen und säubern. Anschließend salzen. Die Fische in Roggenmehl wenden und in heißem Fett goldbraun braten.

Dazu isst der Bremer am liebsten Bratkartoffeln und grüne Bohnen.

Stint – der Weserfisch

Früher als Arme-Leute-Essen verschrien, heute voll im Trend: der Weserstint.
Der kleine Fisch kommt Ende Februar bis März in die Weser zum Laichen. Und seit das Weser-Wasser so schön sauber ist, isst man die Stinte wieder gern. Viele traditionelle Bremer Restaurants bieten zur Saison ein Stint-Essen an. Typisch für den Fisch ist übrigens ein leicht gurkenartiger Geruch.

Gebratene Stinte

ca. 50 Stinte

Saft von 1 Zitrone

1 EL Salz

Mehl

2 Eier

Semmelbrösel

Öl

Fische köpfen, ausnehmen, säubern und trocken tupfen.
Mit Zitronensaft beträufeln, salzen und einige Minuten ziehen lassen.
Erst in Mehl, dann in Ei und schließlich in Semmelbröseln wenden.
In der Pfanne mit viel Öl ausbacken.

Dazu passen Bratkartoffeln.

Jungfräulicher Hering

Matjes heißt der noch jungfräuliche Hering: ein Hering, der noch nicht gelaicht hat. Daher kommt vermutlich auch der Name: »Maagdelijk« ist Holländisch und bedeutet »jungfräulich«.
Saison ist zwischen Ende Mai und Anfang Juli. Der Start der Matjes-Saison wird in Bremen groß gefeiert – dann wird das erste Fass angestochen. Und auch wenn die Hamburger behaupten, Deutschlands »Matjes-Stadt« zu sein: Es war ein Bremer Fischhändler, der den Matjes aus Holland nach Deutschland holte.

Matjes mit grünen Bohnen

500 g grüne Bohnen

1 Bd. Bohnenkraut

Salz

60 g gewürfelter Speck

1 EL Butter

Pfeffer

Muskatnuss

1 Bd. Petersilie

1 kl. Zwiebel

4 Doppelmatjesfilets

Bohnen putzen und waschen, in mundgerechte Stücke schneiden. Mit Bohnenkraut und Salz in Wasser geben. Aufkochen und in etwa 15 Minuten gar kochen.
Speck in der Butter anbraten. Bohnen abtropfen lassen, zum Speck geben und alles vermischen. Mit Salz, Pfeffer und Muskat abschmecken. Petersilie waschen, trocknen, klein zupfen und zu den Bohnen geben. Zwiebel schälen und in Ringe schneiden. Matjes auf dem Teller mit den Zwiebelringen belegen, die Bohnen dazu anrichten.

Die Hausfrauenart

Was ist eigentlich die »Hausfrauenart«? Bedeutet es, dass das Rezept besonders einfach ist? Besonders lecker? Mit besonders günstigen Zutaten? Man weiß es nicht. Auf jeden Fall ist die deutsche Küche voll von Zubereitungsarten nach bestimmten Berufsgruppen – ob das Schnitzel nach Jägerart, die Forelle nach Müllerinart oder das Grillfleisch nach Bierkutscherart.
Vielleicht kocht man in 100 Jahren ja einen Lachs »nach Marketing-Manager-Art« oder bereitet Sushi »nach Grafikdesigner-Art« zu. Wer weiß.

Matjes nach Hausfrauenart

4 Doppelmatjesfilets
100 g Sahne
100 g Naturjoghurt
200 g saure Sahne
2 EL Mayonnaise
2 EL Gurkenwasser
1 TL Zucker
Pfeffer
1–2 Äpfel
3 Gewürzgurken
1 Zwiebel

Matjesfilets abspülen und trocken tupfen. (Zu salzigen Matjes vorher 1 Stunde lang wässern.) Sahne, Joghurt und saure Sahne verrühren. Gurkenflüssigkeit dazugeben und weiterrühren. Mit Zucker und Pfeffer nach Geschmack würzen. Äpfel schälen, entkernen und in feine Scheiben schneiden. Gurken würfeln. Apfelscheiben und Gurkenstücke zur Sauce geben. Zwiebel häuten und in Ringe schneiden. Matjes mit Sauce und Zwiebelringen bedecken und noch mindestens 1 Stunde im Kühlschrank abgedeckt ziehen lassen.

Dazu passen wunderbar karamellisierte Kartoffeln.

Bremen hat auch eine Küste!

Bremen ist natürlich nicht nur die Stadt Bremen – Bremen ist auch Bremerhaven. Und damit grenzt das Bundesland direkt ans Meer! Ein Faible für frisches Meeresgetier ist uns Bremern daher in die Wiege gelegt …
Und das bekommt man hier auch ganz frisch – zum Beispiel am Fischereihafen in Bremerhaven, aber auch in den traditionellen Fischgeschäften in Bremen und umzu.

Rührei mit Krabben

3 EL Butter

6 Eier

Salz, Pfeffer

1 EL Milch

200 g Nordseekrabben

1 EL Zitronensaft

Schnittlauch

2 EL Butter in einer Pfanne erhitzen. Die Eier aufschlagen und in eine Schüssel geben. Salzen und Pfeffern, mit einer Gabel kurz verquirlen. Milch einrühren. Die Eimasse in die heiße Pfanne geben und bei mittlerer Hitze stocken lassen. Dann vom Rand zur Mitte zusammenschieben, zerkleinern und wenden.
Die restliche Butter in einer anderen Pfanne zerlassen. Bei geringer Hitze die Krabben darin leicht erwärmen. Salzen, Pfeffern und mit Zitronensaft beträufeln.
Schnittlauch waschen, trocken tupfen und in Röllchen schneiden. Rührei auf Tellern anrichten, Krabben darübergeben und mit Schnittlauch bestreuen.

Dazu schmeckt eine Scheibe Schwarzbrot oder Pumpernickel.

Von Fleisch zu Fisch

Rouladen zählen zu den deutschen Traditionsgerichten überhaupt und sind ein klassisches Sonntagsgericht. Doch der Bremer lässt es sich wie bei vielen Gerichten nicht nehmen, seine eigene – maritime – Variante zu kreieren. Und die ist nicht nur wesentlich kalorienärmer, sondern auch gesünder. Wohl bekomm's!

Bremer Rouladen

- 1 Zitrone
- 100 g Frischkäse
- 1 EL Meerrettich
- 3 TL Schnittlauch
- 4 Schollenfilets
- Salz & Pfeffer
- 1 Zwiebel
- 2 TL Pflanzenöl
- 60 g Schinkenwürfel
- 300 ml Gemüsebrühe
- 50 ml Weißwein, halbtrocken
- 1 TL Saucenbinder
- 3 EL Crème fraîche
- 4 Holzspieße

Zitrone waschen und Schale abreiben. Frischkäse mit Meerrettich und Schnittlauch verrühren. Fisch abspülen, trocken tupfen und mit etwas Zitronensaft beträufeln. Salzen und pfeffern. Mit der Käsecreme bestreichen, zu einem Röllchen formen und mit Holzspießen feststecken.
Zwiebel würfeln und im heißen Öl anbraten. Schinken dazugeben und kurz mitbraten. Mit dem Wein ablöschen und Brühe aufgießen. Fischrouladen in den Topf geben und etwa 15 Minuten lang köcheln lassen. Rouladen aus dem Topf nehmen und die Sauce mit Saucenbinder andicken. Sauce mit Zitronensaft, Zitronenschale, Salz und Pfeffer abschmecken. Zum Schluss die Creme fraîche einrühren. Rouladen wieder zur Sauce geben und erwärmen.

Dazu passen Salzkartoffeln.

Ein Fisch fürs Leben

»Man könnte sagen, er [der Kabeljau] stellt neben dem Brot das einzige Lebensmittel dar, dessen man, sobald man sich daran gewöhnt hat, niemals überdrüssig wird, ohne das man nicht mehr leben kann und das man gegen keine Köstlichkeit der Welt tauschen möchte.«

(Elena Ivanovna Molokhovets, Ein Geschenk für junge Hausfrauen, St. Petersburg, 1862)

Kabeljau im Speckmantel

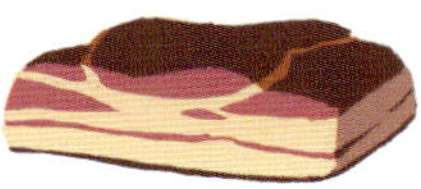

4 Kabeljaufilets
Saft von 1 Zitrone
Salz & Pfeffer
8 Scheiben Bacon
Holzspieße
2 EL Butter
2 Knoblauchzehen
2 Zweige Rosmarin

Fischfilets abspülen und trocken tupfen. Mit Zitronensaft beträufeln und kurz einziehen lassen, salzen und pfeffern. Um jedes Filet zwei Scheiben Bacon legen und eine Rolle formen, mit Holzspießen feststecken. Unter dem Backofengrill von jeder Seite ca. 4 Minuten garen. Butter in einer Pfanne zerlassen. Knoblauchzehen nicht schälen, nur kurz mit dem Handballen pressen und zur Butter geben. Rosmarin hinzufügen und alles kurz schwenken. Dann Rosmarin und Knoblauch entfernen und die Butter über den Fisch geben.

Dazu passt Reis.

Alles neu macht der … August

Die Maischolle heißt Maischolle, weil sie traditionell im Frühjahr gefangen wurde. Lange Zeit galt das Fleisch des Plattfischs zu dieser Jahreszeit als besonders delikat. Allerdings ist man heute klüger: Die Qualität des Fleisches steigt im Laufe des Sommers weiter an, und richtig lecker ist so eine Scholle dann im August.
Also: Maischolle schmeckt am besten im Spätsommer!

Maischolle

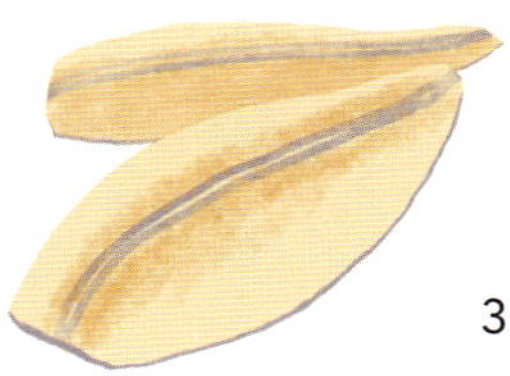

4 küchenfertige Schollen

Salz & Pfeffer

8 EL Mehl

180 g Butter

12 EL Zitronensaft

3 EL gehackte Petersilie

Den Fisch waschen und trocken tupfen. Mit Salz und Pfeffer nach Geschmack würzen, dann die Filets im Mehl wenden.
In einer großen Pfanne 140 g Butter zerlassen. Die Schollen bei mittlerer Hitze von beiden Seiten goldbraun braten, herausnehmen und auf vier Teller legen. Restliche Butter in die Pfanne geben und schmelzen lassen, Zitronensaft und Petersilie einrühren. Die Sauce über die Schollen geben.

Dazu passen Salzkartoffeln oder ein Kartoffelsalat.

Fischköppe

Der Pannfisch ist auch bei den Nachbarn in Hamburg ein beliebtes Gericht. Fischköppe haben eben einen ähnlichen Geschmack!
Es gibt zahlreiche Varianten der Pannfisch-Saucen. Das hier aufgeführte Rezept ist dem traditionellen *Bremer Kochbuch* von 1949 entnommen.

Pannfisch

1 kg Fisch

1 kg Kartoffeln

2 Zwiebeln

40 g Butter

40 g Mehl

500 ml Wasser

2–3 EL Senf

1 EL Essig

1 TL Zucker

Salz

Kartoffeln in Salzwasser kochen, anschließend abkühlen lassen, pellen und in Scheiben schneiden. Den Fisch waschen, salzen und in mundgerechte Stücke schneiden.
Fisch kurz anbraten, aus der Pfanne nehmen. Dann Kartoffeln mit den Zwiebeln anbraten. Fisch zu den Kartoffeln in die Pfanne geben.
Aus Butter und Mehl eine Mehlschwitze zubereiten, mit Wasser verdünnen und mit Senf, Essig, Zucker und Salz abschmecken. Tunke über Kartoffeln und Fisch verteilen.

Der Bremer und der Schellfisch

Dass an Karfreitag Fisch gegessen wird, ist in allen christlich geprägten Ländern üblich. Der christlichen Fastenordnung zufolge soll man in Gedenken an Jesus an diesem Tag kein »Fleisch des Himmels und der Erde« zu sich nehmen. Die Tradition setzt sich heutzutage auch unter den Nichtgläubigen fort.
Viele Bremer wählen für dieses traditionelle Mahl den Schellfisch. Der heißt übrigens so, weil er am liebsten Muscheln verspeist (engl. Muschel = »shell«).

Schellfisch in Senfsauce

800 g Schellfisch

150 g Butter

100 g Dijon-Senf

2 Eigelb

150 g Joghurt

1 Zitrone

Zucker, Salz & Pfeffer

Die Hälfte der Butter in einem Topf erhitzen. Senf und Eigelb einrühren und bei wenig Hitze eindicken lassen. Darauf achten, dass das Ei nicht gerinnt. Joghurt einrühren, mit einer Prise Zucker sowie Salz und Pfeffer nach Geschmack würzen.
Den Fisch waschen und trocken tupfen. Mit Zitronensaft beträufeln, salzen und pfeffern. Restliche Butter in einer Pfanne zerlassen und den Fisch darin von beiden Seiten anbraten. Fisch mit der Sauce auf einem Teller anrichten.

Schmeckt am besten mit klassischen Salzkartoffeln.

Zunge oder Schuhsohle?

Woher der deutsche Name »Seezunge« stammt, ist beim Blick auf den Fisch eindeutig: Die Form erinnert stark an eine Zunge. Schon die Alten Griechen bezeichneten den delikaten Speisefisch als »Ochsenzunge«.
Anders die Römer. Sie verpassten der Seezunge den Namen »Solea«, was noch heute ihre korrekte biologische Artenbezeichnung ist. »Solea« bedeutet »Schuhsohle«. Und tatsächlich kann man auch diese Namensgebung nachvollziehen …
Beide Namen werden dem köstlichen Fleisch des teuren Fisches aber nicht gerecht. Wie viel schöner ist da der altertümliche französische Begriff: »Perdrix de mer«, zu Deutsch »Rebhuhn des Meeres«.

Seezunge nach Bremer Art

4 Seezungen

Salz

200 g Butter

Ei und Reibbrot (Paniermehl)

2 TL Sardellenbutter

2 Zitronen

Muskatnuss, Senf & Petersilie

Kartoffeln

»Man bereitet die Seezungen vor und schneidet sie, falls sie groß sind, in mehrere Stücke, sonst läßt man sie ganz, salzt sie ein und stellt sie 1 Stunde beiseite. Darauf trocknet man sie ab, wendet sie erst in zerlassener Butter, dann in Ei und Reibbrot, und bäckt sie in Backfett aus. Inzwischen verrührt man 200 g schäumig geriebene Butter mit 2 Löffeln Sardellenbutter, dem Saft von 2 Zitronen, Salz, Muskatnuß, 1 Löffel Senf und 1 Löffel gewiegter Petersilie zu sahneartiger Masse. Man schichtet die Seezungenschnitte übereinander, verteilt die Buttermasse dazwischen und gibt sie so mit Salzkartoffeln und einem Schüsselchen Kartoffelsalat zu Tisch.«

Anleitung für die Zubereitung von Seezungen auf Bremer Art aus dem »Bremer Kochbuch« von Betty Gleim, 1896

Fleisch & Geflügel

Fleisch für Arme?

Knipp wird aus Hafergrütze, Schweinskopf, Schweinebauch, Schwarte, Rinderleber, Brühe, Salz, Pfeffer, Majoran und Piment hergestellt.
Lange galt es als »Arme-Leute-Essen«, mittlerweile ist das Bremer Ur-Gericht echter Kult. Die Kombination mit Apfelmus ist nicht jedermanns Sache, aber in Bremen besonders beliebt.

Knipp mit Bratkartoffeln

1 kg Knipp
Butterschmalz
10 gekochte Kartoffeln
1 Zwiebel
Öl
Salz & Pfeffer
4 Gewürzgurken
1 Glas Apfelmus

Kartoffeln schälen und in Scheiben schneiden, dann in Öl anbraten. Zwischendurch wenden und gewürfelte Zwiebeln hinzugeben. Mit Salz und Pfeffer würzen.
Eine zweite Pfanne mit Butterschmalz erhitzen, Knipp hineingeben und bei mittlerer Hitze knusprig braten. Knipp zusammen mit Bratkartoffeln, Apfelmus und Gewürzgurken servieren.

Was Bremen und Österreich verbindet

Das Matrosenfleisch wird nicht nur in Norddeutschland, sondern zum Beispiel auch in Österreich genüsslich verspeist.
Die Österreicher nennen es »Altwiener Matrosenfleisch«, zubereitet wird es mit Essiggurkerln, Sardellen und Sauerrahm.

Matrosenfleisch

350 g Rindfleisch
350 g Schweinefleisch
2 Zwiebeln
1 Bd. Suppengemüse
2 EL Schweineschmalz
Salz & Pfeffer
1 TL geriebener Meerrettich
160 ml Rotwein
1 Lorbeerblatt
1–2 TL Speisestärke

Fleisch, Zwiebeln und Suppengemüse würfeln. Das Schweineschmalz in einem großen Topf erhitzen und das Fleisch darin anbraten. Zwiebeln und Suppengemüse hinzugeben und kurz schmoren lassen. Mit Salz und Pfeffer würzen.
Meerrettich, Rotwein und Lorbeerblatt ebenfalls in den Topf geben. Nun bei mittlerer Hitze und geschlossenem Topf für etwa 50 Minuten garen lassen. Am Schluss mit Speisestärke binden.

Dazu passen klassische Salzkartoffeln.

Plum statt Plumm

Auch hier steht die Bremer Tradition der unserer Hamburger Freunde sehr nah. Dort wird das gleiche Rezept als »Plum un Klüten« serviert. Doch auch in Niedersachsen kennt man das Essen, hier als »Sure Supp un Klüten«.
Übrigens war es einmal ein beliebtes Seefahrer-Gericht, da die Zutaten gut zu lagern sind.

Plummen un Klütjen

500 g Backpflaumen

1 l Wasser

700 g Bauchfleisch

1 l Wasser

20 g Speisestärke

250 ml Milch

30 g Butter

125 g Mehl

Salz, Zucker & Muskat

2 Eier

Backpflaumen entsteinen und über Nacht in 1 Liter Wasser einlegen. Bauchfleisch in 1 Liter Wasser zum Kochen bringen und 45 Minuten köcheln lassen. Pflaumen und Einweichwasser dazugeben und nochmals 20 Minuten kochen. Fleisch herausnehmen und klein schneiden. Speisestärke mit etwas Wasser glatt rühren, den Sud damit abbinden. Fleisch wieder dazugeben. Milch aufkochen und Butter hinzufügen, unter Rühren schmelzen lassen. Salz, Muskat und Zucker einrühren. Mehl dazugeben und so lange rühren, bis eine festere Masse entsteht. Teig abkühlen lassen und Eier unterrühren. Kleine Klöße formen und in kochendem Wasser ungefähr 5 Minuten ziehen lassen. Klöße auf Tellern mit der Pflaumensoße anrichten.

Wal-Würfel

Der Eintopf stammt aus der Zeit, als in Bremen noch Walfang betrieben wurde. »Pluckte« bedeutet »herausgeschnitten« oder »gewürfelt«. Der Walfischspeck wurde als »Vinken« bezeichnet, wobei das »V« später durch ein »F« ersetzt wurde.

Die Finken wurden an Bord in Fässern gelagert, an Land wurde daraus Tran hergestellt. Ein Teil wurde allerdings schon an Bord verarbeitet und verspeist. Da der Walfang mittlerweile (zum Glück) in vielen Regionen verboten ist, nimmt man heute anderes Fleisch. Nur fettig sollte es sein!

Pluckte Finken

750 g gelbe Wurzeln
250 g weiße Bohnen
2 saure Äpfel
750 g Schweinebauch
(oder anderes fettiges Fleisch)
Schmalz
1 Bd. Petersilie
Salz

Die Bohnen schon am Vortag in Wasser einweichen. Das Fleisch würfeln und in Schmalz anbraten, die eingeweichten Bohnen abgießen und mit einem halben Liter Wasser zum angebratenen Fleisch geben. 30 Minuten köcheln lassen.
Die klein geschnittenen Wurzeln hinzufügen und nach weiteren 10 Minuten auch die klein geschnittenen Äpfel. Mit Salz würzen und gar kochen. Mit der gehackten Petersilie servieren.

Pudding mal anders

Warum denn immer nur süßen Pudding genießen?
Mit dieser traditionell norddeutschen, herzhaften Variante gelingt ein deftiges Sonntagsessen.
Und als Nachtisch kann man dann immer noch den klassischen Schokoladen- oder Vanillepudding servieren.

Kohlpudding

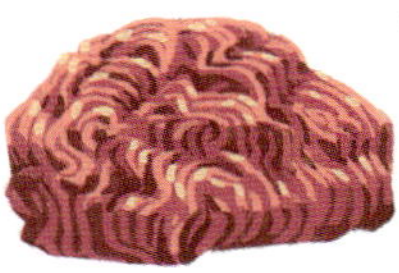

1 kg gemischtes Hackfleisch

1 Zwiebel

1 eingeweichtes Brötchen

1 TL Salz

etwas Pfeffer

1 gr. Weißkohl

Fleischbrühe

Zwiebel schälen, in kleine Würfel schneiden und mit dem Hack vermischen. Mit Salz und Pfeffer würzen und das eingeweichte Brötchen dazugeben. Mit den Händen verkneten.
Die Weißkohlblätter waschen und kurz blanchieren. Anschließend trocken tupfen und Strünke herausschneiden. Eine Guglhupfform einfetten und großzügig mit dem Kohl auslegen. Nun abwechselnd Hack und Kohlblätter übereinanderschichten. Am Schluss mit Fleischbrühe übergießen und mit einer Schicht Kohl bedecken.
Bei 180 Grad etwa 50 bis 60 Minuten garen.

Als Beilage passen einfache Salzkartoffeln.

Ratsherren-Essen

Das Kükenragout ist ein edles Gericht mit langer Tradition. Früher war es ein Festessen, das anlässlich der Wahl eines neuen Bremer Senators verspeist wurde.
Bezahlen musste dieses sogenannte »Isen« übrigens der neue Ratsherr selbst. Die Tradition gibt es seit dem Ersten Weltkrieg nicht mehr.

Kükenragout

2 Stubenküken
1 Kalbszunge
Suppengemüse
Salz
50 g Butter
50 g Mehl
250 ml Hühnerbrühe
100 g Champignons

1 EL Zitronensaft
100 g weißer Spargel
125 g Würstchen
90 g Butter
90 g Mehl
1 Eigelb
125 ml Weißwein trocken

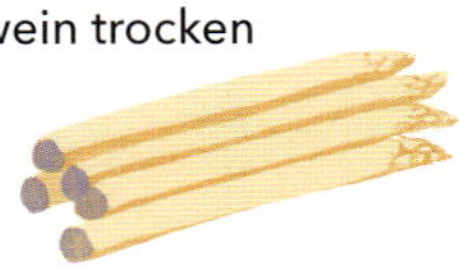

Die ausgenommenen Küken in 1 Liter Salzwasser zusammen mit dem Suppengemüse kochen. In der Brühe abkühlen lassen, herausnehmen und die Brühe durch ein Sieb geben.
Zunge in Salzwasser weich kochen, kurz in kaltes Wasser geben, klein schneiden.
Eine Mehlschwitze aus Butter und Mehl herstellen und mit einem Viertel der Brühe verrühren. In der restlichen Brühe die in Scheiben geschnittenen Champignons garen. Beides zusammenfügen und mit Zitronensaft abschmecken.
Spargel schälen, in Salzwasser garen und in mundgerechte Stücke schneiden. Spargel in die Sauce geben. Kükenfleisch häuten, klein schneiden und in die Sauce geben. Eigelb mit Weißwein verrühren und damit das Ragout eindicken. Zunge und Würstchen ins Ragout legen und servieren.

Labskaus ahoi!

So eine Seefahrt konnte ziemlich lange dauern – frisches Essen an Bord war da eher nicht angesagt. Gepökeltes Fleisch dagegen war für die Schiffsküche ideal, da es sich lange hielt.
Labskaus ist ein typisches Seefahrergericht und sowohl in Norddeutschland als auch im Baltikum und Skandinavien in unterschiedlichen Variationen bekannt. Die zerkleinerte Fleisch-Kartoffel-Masse ist optisch nicht unbedingt ansprechend, war aber für die Matrosen perfekt: Sie hatten aufgrund der Mangelernährung meist schlechte Zähne. Das geht uns heute zum Glück nicht mehr so, aber Labskaus schmeckt uns trotzdem noch.

Labskaus nach Bremer Art

750 g gepökelte Rinderbrust
1 kg Kartoffeln
1 Lorbeerblatt
2 Nelken
5 Pfefferkörner
50 g Fett
2 Zwiebeln
70 g eingelegte Rote Bete
Salz & Pfeffer

Fleisch mit Lorbeerblatt, Nelken und Pfefferkörnern in einen Topf geben, mit Wasser bedecken, zum Kochen bringen und etwa 1,5 Stunden garen. Mit der Schaumkelle entnehmen und Kochwasser aufbewahren. Kartoffeln schälen, in Salzwasser gar kochen und stampfen. Zwiebeln klein schneiden und mit dem Fleisch durch den Fleischwolf drehen. Rote Bete abtropfen lassen und ebenfalls durch den Fleischwolf drehen. Fleisch, Rote Bete und Kartoffelstampf gut vermengen, mit etwa 250 ml Kochwasser bis zur gewünschten Konsistenz verdünnen. Mit Salz und Pfeffer würzig abschmecken.
Dazu reicht man Matjes mit Äpfeln und Zwiebeln, Spiegelei und Gurke.

Himmel, Erde oder Hölle?

Das Traditionsgericht »Himmel und Erde« ist in weiten Teilen Deutschlands bekannt. Die »Höllenspeise« dagegen weniger.
Warum sie so heißt, ist nicht überliefert. Vielleicht erinnert der Blick in die Auflaufform während des Erhitzens ein wenig an das Schmoren der Seele im Höllenfeuer. Mit dem Geschmack hat der Name sicherlich nichts zu tun: Das Gericht ist zwar kein kulinarischer Höhenflug, aber auch nicht unterirdisch. Und es bietet die perfekte Resteverwertung nach einem Sonntagsbraten.

Höllenspeise

750 g Bratenreste

1,5 kg Kartoffeln

1 Zwiebel

Salz

500 ml Bratentunke

Kartoffeln schälen. Bratenreste in Würfel und rohe Kartoffeln in Scheiben schneiden. Zwiebel klein hacken.
Alles schichtweise in eine flache Auflaufform geben, zwischendurch salzen.
Mit Bratentunke übergießen und im Backofen bei 130 Grad langsam erhitzen.

Exotische Würze trifft hanseatische Küche

Das Kochen mit Curry hat in Bremen eine lange Tradition. Im 18. Jahrhundert gelangte die Gewürzmischung aus Indien über Seeleute an die deutsche Küste. Die exotische Würze verzauberte die hiesigen Hausfrauen und war fortan vom Bremer Herd kaum noch wegzudenken.
Ein Currygericht wird auch traditionell beim Stiftungsfest des Ostasiatischen Vereins gegessen, das schon seit 1901 stattfindet. Dieses gehört mit der Eiswette und der Schaffermahlzeit zu den drei großen bremischen Festmahlen.

Curryfleisch

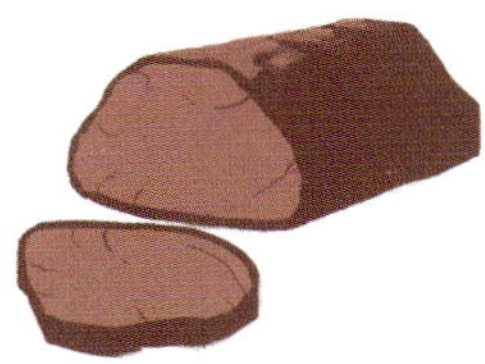

500 g Rindfleisch
40 g Bratfett
20 g Mehl
1 kl. Zwiebel
2 Äpfel
500 ml Wasser
1 TL Currypulver
Mehl
200 g Sahne
Salz & Pfeffer

Fleisch in Scheiben schneiden, mit Currypulver bestreuen und in Mehl wenden. In einer Pfanne die Butter zerlassen und das Fleisch darin scharf anbraten.
Zwiebel und Äpfel schälen und klein schneiden. Fleisch, Zwiebel und Äpfel in einen Bräter schichten und mit Wasser auffüllen. Zugedeckt für etwa 1,5 Stunden schmoren lassen. Fond anschließend mit Mehl andicken, mit Sahne verrühren und mit Salz und Pfeffer abschmecken.

Dazu passt Reis.

Martins- oder Weihnachtsgans?

Eine ursprünglich katholische Tradition war es, vor dem Beginn der adventlichen Fastenzeit eine Gans zu essen: Zum Martinstag am 11. November gab es damit das letzte fette Essen vor Weihnachten. Irgendwann begann man damit, auch das Ende der Fastenzeit mit einem Gänsebraten zu feiern – also Weihnachten. Wenn man beides macht, sollte man darüber nachdenken, auch die Tradition des Fastens wieder aufleben zu lassen: Allein eine Portion Gans mit Sauce kommt auf stolze 1.100 Kilokalorien. Kartoffeln bzw. Klöße, Rotkohl und Rotwein zum Essen noch nicht eingerechnet!

Gänsebraten

1 küchenfertige Gans

Salz

1 kg Äpfel

65 g Zucker

60–80 g Rosinen

500 g Esskastanien

Kartoffelmehl

Gans waschen und abtrocknen, von innen und außen mit Salz einreiben. Äpfel schälen, in Scheiben schneiden, mit Zucker und Rosinen vermischen. Kastanien einkerben, in kochendes Wasser geben und so lange kochen, bis Schale und Haut sich leicht ablösen lassen. Kastanien zur Apfelmischung geben. Füllung in die Gans geben, dann zunähen. Gans in einem Bräter von allen Seiten gut anbraten. 500 ml Wasser dazugeben und für 2 bis 3 Stunden bei 160 Grad braten. Immer wieder Wasser zugeben und die Gans mit Bratensaft begießen. Wenn der Braten fertig ist, die Gans warm stellen und den Fond mit Kartoffelmehl binden.

Dazu passen Rotkohl mit Äpfeln (S. 95) und Klöße oder Salzkartoffeln.

Osterhasen-Jagd

Wildlebende Kaninchen sind in Neuseeland eine regelrechte Plage: Sie wurden eingeschleppt und haben dort nicht ausreichend natürliche Feinde. Und zudem vermehren sie sich – ja, genau – wie die Karnickel.

Um die Plage einzudämmen, blasen die neuseeländischen Jäger traditionell an Ostern zur Jagd. Dass ausgerechnet an diesem Termin so viele potentielle Osterhäschen ihr Leben lassen müssen, folgt wohl der gleichen Logik wie der, dass in Bremen zu Ostern oft ein Kaninchenbraten auf den Tisch kommt.

Wenn Sie ein Kaninchen kaufen, sollten Sie unbedingt auf die Herkunft und die Haltungsbedingungen achten. Tierschützer beklagen, dass die Kaninchenhaltung hierzulande besonders schlecht geregelt ist. Es gibt aber Biohöfe, wo man Fleisch von glücklichen Tieren kaufen kann.

Kaninchenbraten

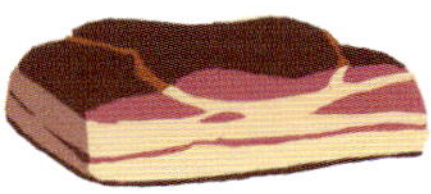

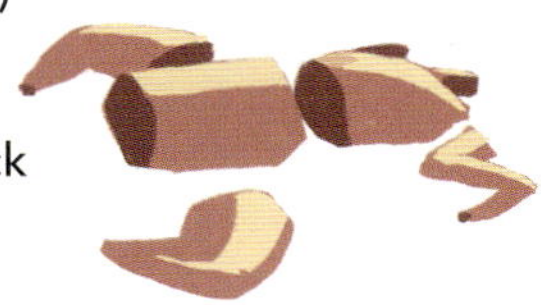

1 Kaninchen (zerlegt)

Salz & Pfeffer

einige Scheiben Speck

70 g Bratfett

Senf

Suppengemüse

1 Zwiebel

500 ml saure Sahne

Mehl

Die Kaninchenteile etwa 12 Stunden vorher komplett in Buttermilch einlegen. Dann salzen, pfeffern und mit Senf einreiben. In einem Bräter das Fett zerlassen und das Kaninchen bei großer Hitze kurz rundum anbraten.

Anschließend das Fleisch mit Speck belegen. Zwiebeln und Suppengemüse klein schneiden und dazugeben. Abgedeckt im Backofen bei 220 Grad etwa 1 bis 1,5 Stunden braten. Zwischendurch immer wieder Wasser zugeben und mit Fond begießen. Anschließend den Bratenfond mit Mehl binden, saure Sahne einrühren und mit Senf, Salz und Pfeffer abschmecken.

Dazu reicht man Salzkartoffeln und Rosenkohl.

Gemüse

Brooken sööt

Die Kombination aus herzhaft und süß ist für den süddeutschen Gaumen vielleicht etwas gewöhnungsbedürftig – aber typisch für die norddeutsche Küche. Sie wird im Plattdeutschen auch mit »broken sööt«, also gebrochener Süße, beschrieben.
Der Norddeutsche reicht gerne eine Fruchtsauce zum Bratfisch, die Kartoffeln zum Braunkohl sind karamellisiert, und Eintöpfe enthalten oft Backpflaumen oder Rosinen.

Birnen, Bohnen & Speck

400 g durchwachsener Speck

1 l Wasser

750 g grüne Bohnen

Bohnenkraut

500 g feste Birnen (Kochbirnen)

500 g festkochende Kartoffeln

2 EL Mehl

Salz & Pfeffer

Speck würfeln und in dem gesalzenen Wasser kochen.
Bohnen putzen, waschen und brechen. Nach etwa 20 Minuten die Bohnen zusammen mit dem Bohnenkraut zum Speck hinzugeben.
Birnen waschen, aber nicht schälen oder schneiden.
Kartoffeln schälen und halbieren oder vierteln. Kartoffeln und Birnen zum Speckwasser geben und alles zusammen nochmals für etwa 20 Minuten garen.
Mit Mehl andicken und mit Salz und Pfeffer abschmecken.

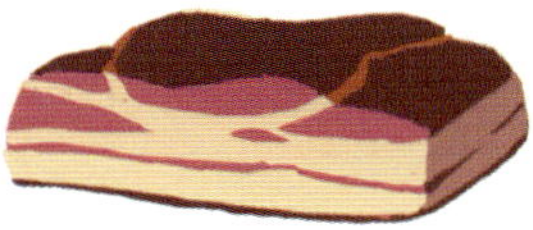

Eine Liebesgeschichte

Bremen und Braunkohl (den Nicht-Bremern besser als Grünkohl bekannt) ist eine niemals endende Liebesgeschichte. Das Gericht wird bei den Bremern richtiggehend zelebriert, vor allem bei den bekannten »Kohlfahrten«. Hier macht sich eine Gruppe hungriger Bremer – meist bei eisiger Kälte – zu Fuß auf den Weg zu ihrem liebsten Restaurant. Dabei darf ein Bollerwagen mit Heißgetränken und Hochprozentigem nicht fehlen. Die Stimmung steigt, und das Kohlessen schmeckt anschließend doppelt so gut.

Kohl & Pinkel

2 kg Braunkohl

Butterschmalz

3 Zwiebeln

500 ml Brühe

350 g Kasseler

350 g Pinkel

350 g Bauchspeck

5 Kochwürste

Salz & Pfeffer

Senf

Piment

Zucker

2 EL Hafergrütze

Kohl waschen, entstielen und etwa 10 Minuten in reichlich Salzwasser blanchieren. Abgießen und klein schneiden. Zwiebeln würfeln und in Butterschmalz glasig dünsten. Kohl dazugeben und mit der Brühe auffüllen.
Nach 1 Stunde Kasseler, Bauchspeck, Koch- und Pinkelwurst zum Kohl geben. Mit den Gewürzen abschmecken. Zwischendurch den Kohl mit dem Fleisch immer mal wieder umrühren. Noch 1 Stunde garen, bis der Braunkohl die typische Farbe und Konsistenz angenommen hat und das Fleisch gar ist. 10 Minuten vor Ende mit der Hafergrütze andicken.

Dazu isst man in Bremen meist glasierte Kartoffeln.

Übern Tellerrand

Kohl und Pinkel gehören zusammen wie Bremen und Weser – oder? Nun, manchmal lohnt es sich, wortwörtlich über den eigenen Tellerrand hinauszuschauen. Nicht nur Vegetarier werden diese leckere vegetarische Kohl-Variante zu schätzen wissen.

Kohl vegetarisch

1 kg Braunkohl
1 kg Kartoffeln
100 g Zwiebeln
400 g Räuchertofu
400 ml Wasser
3 EL Gemüsebrühe
70 g Butter
100 ml mittelscharfer Senf
Salz & Pfeffer

Die Zwiebeln würfeln und in Butter glasig anschwitzen. Den gewaschenen und entstielten Kohl hinzugeben und ebenfalls leicht andünsten. Wasser und Gemüsebrühe dazugeben und köcheln lassen.
Kartoffeln und Räuchertofu würfeln. Den Tofu in einer Pfanne kross anbraten. Nachdem der Kohl 45 Minuten geköchelt hat, Kartoffeln hinzugeben und für weitere 20 Minuten kochen. Räuchertofu dazugeben und noch mal 15 Minuten kochen lassen.
Mit Salz und Pfeffer würzen und mit Senf abschmecken.

Fast vergessenes Gemüse

Lange Zeit kam Scheerkohl in Bremen regelmäßig auf den Tisch: Das nahrhafte Gemüse war einfach anzubauen und daher billig. Nach und nach geriet es aber fast in Vergessenheit.
Heutzutage ist frisches, regionales Gemüse wieder in: Und der Scheerkohl – auch Schnittkohl, Schnittreps oder Scherkohl genannt – erlebt eine Renaissance auf den Wochenmärkten.
Je jünger der Scheerkohl, desto feiner ist er im Geschmack. Die jungen Blätter eignen sich besonders für Salate, die älteren für eine Zubereitungsart ähnlich dem Braunkohl. Schmeckt auch mit Pinkel und Kartoffeln!

Scheerkohl

1 kg Scheerkohl
60 g Schmalz
1 Zwiebel
etwas Wasser
30 g Hafergrütze
Salz
1 Prise Zucker

Den abgestreiften, gut gewaschenen und klein gehackten Kohl mit der gewürfelten Zwiebel in heißem Fett andünsten. Mit Wasser ablöschen.

Hafergrütze einstreuen und etwa 1 Stunde lang köcheln lassen. Mit Salz und Zucker abschmecken.

In guten wie in schlechten Zeiten

Die Steckrübe war vor allem zu Kriegszeiten beliebt – sie war nahrhaft und günstig zu bekommen. Nach Kriegsende hatten die Leute erst mal genug von der Rübe, und so geriet sie fast in Vergessenheit.
Inzwischen können sich wieder mehr Feinschmecker für das gesunde Gemüse begeistern. Und so ein Steckrübeneintopf schmeckt vor allem bei Schietwetter richtig gut.

Steckrübeneintopf

1,5 kg Steckrüben
2 Zwiebeln
2 EL Schweineschmalz
500 g frischer Schweinebauch
750 ml Wasser
Salz & Pfeffer
2 Prisen Zucker
0,5 TL Kümmel
600 g mehlig kochende Kartoffeln
Muskatnuss
2 EL gehackte Petersilie

Die Steckrüben und Zwiebeln schälen und anschließend würfeln.
Das Schmalz in einem Suppentopf erhitzen und das Fleisch darin anbraten. Die Zwiebeln und Steckrüben dazugeben und kurz mit anbraten. Wasser dazugießen und mit Salz, Pfeffer, Zucker und Kümmel würzen. 20 Minuten bei mittlerer Hitze köcheln lassen.
Die Kartoffeln schälen, würfeln und in den Topf geben. 15 bis 20 Minuten kochen lassen und mit Muskat abschmecken. Am Schluss großzügig mit Petersilie bestreuen.

Der Kinder-Kohl

Braunkohl, Weißkohl, Wirsing – da verziehen Kinder meistens das Gesicht. Anders beim süßlich zubereiteten und magenfreundlichen Rotkohl.
Und auch wenn der Rotkohl mit Äpfeln in weiten Teilen Deutschlands verwurzelt ist, gehört er fest zur Bremer Küche. Denn zur Weihnachtsgans kommt hier schon seit Ewigkeiten der Rotkohl auf den Tisch.

Rotkohl mit Äpfeln

1 kg Rotkohl
50 g Schmalz
125 ml Wasser
Zucker, Salz
1 EL Essig
2–3 Äpfel
1 Lorbeerblatt
einige Gewürznelken

Rotkohlblätter waschen, vierteln, Strunk entfernen und sehr fein schneiden. Schmalz zerlassen und den Kohl darin andünsten. Äpfel schälen, entkernen und klein würfeln. Zum Kohl geben. Lorbeerblatt, Gewürznelken, Wasser, Zucker, Salz und Essig hinzufügen. Etwa 2 Stunden lang gar kochen. Nochmals mit Salz und Zucker abschmecken.

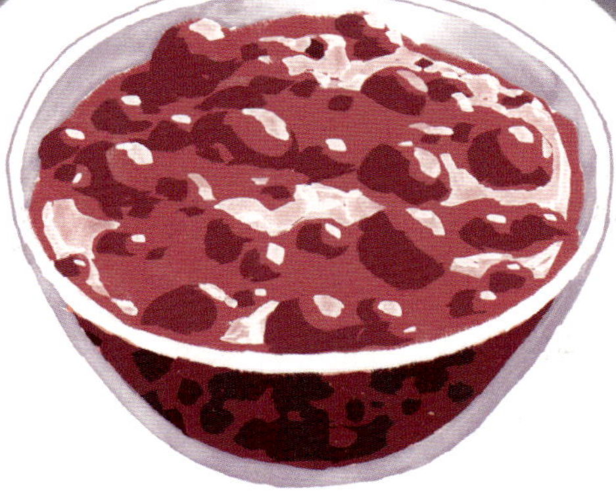

Süßes & Gebäck

Namensvielfalt

Für Blaubeeren gibt es regional sehr unterschiedliche Namen. Bei uns im Norden sagte man lange »Bickbeeren«, vom niederdeutschen »pick« = »pechschwarz«. Andere bekannte Namen sind Heidelbeere, Heubeere, Mollbeere, Moosbere, Schwarzbeere, Waldbeere, Wildbeere und Zeckbeere.

Bickbeerkompott

1 kg Bickbeeren (Blau- oder Heidelbeeren)

Zucker nach Geschmack

1 TL Kartoffelmehl

1 EL Wasser

Die verlesenen und gewaschenen Beeren mit dem Zucker etwa
5 Minuten auf kleiner Stufe kochen lassen.
Kartoffelmehl mit Wasser verrühren und etwas quellen lassen.
In den Topf mit den Beeren einrühren und kurz mit aufkochen lassen.
Kompott abkühlen lassen.

Schmeckt hervorragend mit Vanilleeis.

Teneriffa

Das Originalrezept aus dem »Bremer Kochbuch« von 1949 gibt anstatt der Flasche Malaga einen Süßwein namens »Teneriffa« an. Leider ist dieser heutzutage schwer aufzutreiben … Aber mit Malaga schmeckt's auch.

Feines Bremer Weingelee

0,5 Flasche Weißwein

0,25 Flasche Madeira

0,25 Flasche Malaga

175 g Zucker

1,5 Zitronen

35 ml Wasser

etwas Zimt

0,25 TL Kardamom

1,5 Eiweiß

5 Blatt weiße Gelatine

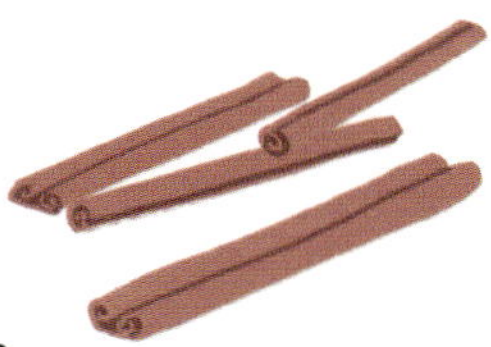

Die Zitronen waschen und fein abschälen. Schale mit 75 ml Wasser, Zimt und Kardamom aufkochen. In einem großen Kochtopf Wein, Malaga, Zucker, Gewürzwasser und den Saft der Zitronen unter Rühren aufkochen. In einem zweiten Kochtopf die Eiweiße aufschlagen. Löffelweise den heißen Wein zufügen. Das Ganze unter Schlagen einmal aufkochen lassen, dann Madeira hinzufügen.
Gelatine in etwas warmem Wasser auflösen und unter die leicht abgekühlte Flüssigkeit rühren. Alles durch ein Tuch in eine Glasschale füllen.

»Bremer« Grütze oder nicht?

Die Rote Grütze können wir Bremer ehrlicherweise nicht für uns beanspruchen. In ganz Norddeutschland hat diese Sommernachspeise Tradition. Ebenso in Skandinavien. Die Dänen nennen das Dessert sogar ihr Nationalgericht! Aber woher auch immer die Grütze kommt: Sie schmeckt, vor allem mit Vanilleeis und Sahne, einfach göttlich. Und gehört auf jeden Fall fest zur Bremer Küche!

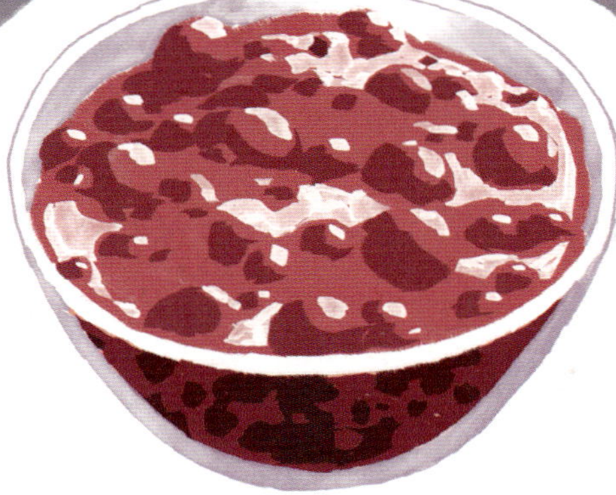

Rote Grütze

1 kg Früchte

(rote und schwarze Johannesbeeren, Himbeeren, Sauerkirschen)

250 ml Kirschsaft

65 g Sago

100 g Zucker

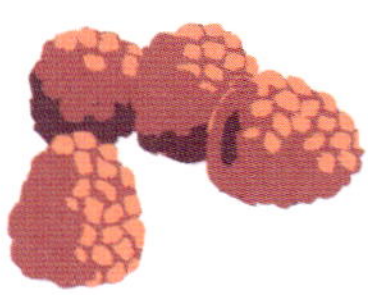

Die Früchte mit Kirschsaft und Zucker mischen und aufkochen. Anschließend den Saft durch ein Sieb gießen und auffangen. Saft in einen Topf geben und mit Sago mischen. 20 Minuten unter Rühren köcheln lassen. Die Früchte dazugeben und noch mal 5 Minuten köcheln lassen. Den Zucker unterrühren und abkühlen lassen.

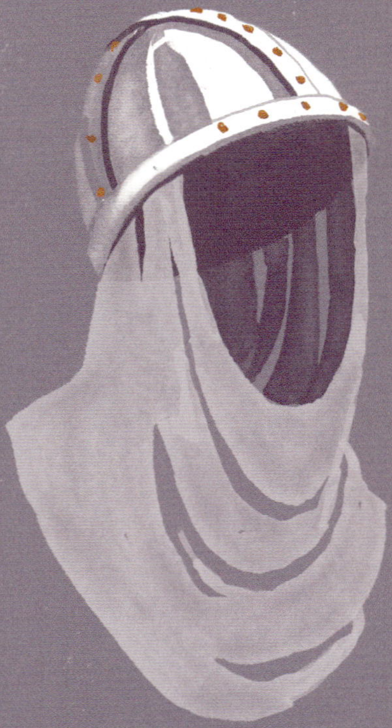

Wer ist der »Arme Ritter«?

Man kennt den »Armen Ritter« auch als »Goldene Schnitte« oder aus dem Englischen als »French Toast«. Aber woher kommt diese Bezeichnung? Es gibt Vermutungen, dass das Gericht als Fleischersatz für die ärmere Bevölkerungsschicht diente, oder dass es auf den Ritterorden der Templer zurückzuführen ist.

Arme Ritter

4 Scheiben Toastbrot

1 Ei

250 ml Milch

50 g Butter

Zimt

Zucker

Die Eier mit der Milch verquirlen und die Toastscheiben darin wenden. Die Butter in der Pfanne schmelzen und die eingeweichten Toastscheiben goldbraun braten.
Mit Zucker und Zimt bestreuen und warm servieren.

Ein seltsamer Name

Woher haben die leckeren Bombeisges bloß ihren lustigen Namen? Man könnte meinen, er leite sich von »Bombe« ab (und kleine Kalorienbomben sind die Küchlein ja schon).
Doch man vermutet, dass sie während der Bremer Franzosenzeit sehr beliebt waren und dort »bon baisers« – also gute Küsschen – genannt wurden. Passt!

Bombeisges

30 g Hefe

250 ml warme Milch

2 EL Zucker

8 Eier

Zimt & Salz

500 g Mehl

125 g Korinthen

2 Äpfel

Hefe mit der Hälfte der Milch und etwas Zucker verrühren und etwa 10 Minuten ruhen lassen. Eier trennen. Eigelb mit Zucker, Zimt und einer Prise Salz verrühren. Eiweiß steif schlagen. Die restliche Milch, Mehl, Hefe-Milch und Korinthen verrühren. Zum Schluss den Eischnee dazugeben und nochmals gut rühren. Den Teig etwa eine Stunde abgedeckt an einem warmen Ort gehen lassen.
Äpfel schälen und in kleine Stücke schneiden. Wenn der Teig gut gegangen ist, die Äpfel einarbeiten.
Eine Krapfenpfanne (Pfanne mit sieben Vertiefungen) einfetten und erhitzen. In jede Vertiefung etwa 2 EL Teig geben. So lange backen, bis die Bombeisges goldbraun sind. Mit Zucker bestreut servieren.

Die unartige Hedwig

Wir in Norddeutschland nennen unsere geliebten Heißwecken auch »Hedwig«. Sie sind bereits seit dem Spätmittelalter als regionales Gebäck nachgewiesen – und wurden vor allem vor der Fastenzeit genossen, speziell an den Faschingstagen.
Auch in Hamburg ist diese Tradition bekannt. So heißt es im *Idioticon Hamburgense*, einem Mundartwörterbuch aus dem Jahr 1743:
»heisse Wecken: warm weiß Brodt, welches mit geschmolzener Butter oder aufgekochter Milch, durchgeknetet, und damit, nach alter unartiger Gewohnheit, in der ersten Fasten-Woche der Magen angefüllet wird.«
Was für eine schöne unartige Gewohnheit!

Heißwecken

1 kg Weizenmehl
1 Würfel Hefe
400 ml Milch
80 g Zucker
4 Eier
80 g Butter
0,5 TL Salz
0,5 TL Zimt
0,25 TL Kardamom
0,5 EL Zitronenschale
150 g Rosinen
2 EL Milch

Mehl sieben und in die Mitte eine Mulde drücken. Hefe in die Mulde bröseln, mit etwas warmer Milch auflösen und ein wenig Mehl dazugeben. Zugedeckt ca. 15 Minuten gehen lassen. Restliche Milch, Eier, Zucker, geschmolzene Butter und Gewürze hinzugeben und alles kneten, bis ein glatter Teig entsteht. Rosinen daruntermischen und den Teig für 45 Minuten zugedeckt an einem warmen Ort gehen lassen. Anschließend erneut durchkneten.
20 gleich große Brötchen formen, auf ein Blech legen und nochmals 15 Minuten abgedeckt ruhen lassen. Die Wecken mit Milch bestreichen und im vorgeheizten Backofen bei 190 Grad Ober-/Unterhitze für 20 bis 25 Minuten backen.

Frohe Weihnachten!

Besonders gerne essen die Bremer ihr Kaffeebrot in der Weihnachtszeit. Dann wird das Gebäck in Kaffee, weihnachtlichen Tee oder Kakao gestippt. Es ist zwar kein Plätzchen, sondern eher ein dünner Zwieback – aber dem Bremer entlockt es sofort Weihnachtsgefühle.

Kaffeebrot

500 g Mehl

1 Würfel Hefe

0,5 TL Salz

2 TL Zucker

250 ml warmes Wasser

1 Ei

Milch

Zucker & Zimt

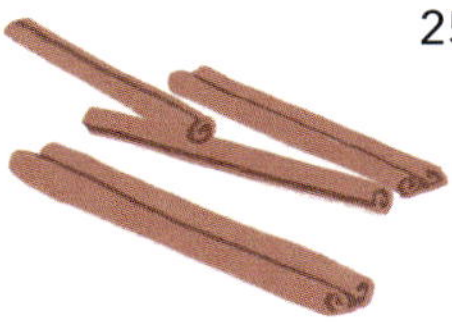

Hefe im warmen Wasser auflösen und mit Mehl, Zucker, Ei und Salz vermengen. Teig etwa 20 Minuten an einem warmen Ort zugedeckt gehen lassen. Anschließend erneut durchkneten und zu zwei langen, etwa sechs Zentimeter dicken Rollen formen. Wieder ungefähr 20 Minuten ruhen lassen. Dann mit etwas Milch bestreichen. Die Brote für etwa 30 Minuten bei 200 Grad Ober-/Unterhitze backen. Auskühlen lassen und in dünne Scheiben schneiden.

Immer jeweils eine Seite der Brotscheiben mit Wasser befeuchten und in Zucker und Zimt tauchen. Auf ein Backblech legen – mit der gezuckerten Seite nach oben – und im heißen Backofen bei 120 Grad Heißluft für 20 bis 30 Minuten trocknen, bis sie kross sind. Nach dem Abkühlen in Blechdosen aufbewahren.

De Festdagsklaben

»Nu giff mi mal den Backtrog gau!
Twee Pund Rosinen weeg' genau
Un Von Corinthen ok so veel!
Un finen Zucker, Melk, Kanehl,
Muschatnut, Bottern un Succaden –
Denn wart dat Ding all god geraden.«

So fasst der Protagonist Herr Smidt aus dem Gedicht »De Festdagsklaben« von Diedrich Ordemann die Zubereitung des traditionellen Bremer Weihnachtsgebäcks zusammen. Ganz so einfach ist es dann aber doch nicht, wie er im Laufe des Gedichts feststellen muss …

Klaben

250 ml warme Milch

2 Pck. Trockenhefe

200 g Zucker

1 kg Weizenmehl

1 TL Salz

400 g weiche Butter

700 g Rosinen

100 g Orangeat, fein gewürfelt

100 g Zitronat, fein gewürfelt

0,5 TL Kardamom

1 TL Muskatnuss

200 g gehackte Mandeln

Öl

Milch mit Hefe und 1 TL Zucker vermischen und stehen lassen, bis es schäumt. Mehl mit Salz mischen und die Hälfte davon mit Hefe und Butter zu einem Teig verkneten. Abgedeckt für etwa 30 Minuten gehen lassen. Restliches Mehl dazugeben und erneut kneten. Rosinen, Mandeln, Orangeat, Zitronat, Kardamom und Muskatnuss dazugeben. Den Teig zu zwei Laiben formen und aufs Backblech legen. Erneut etwa 30 Minuten gehen lassen. Klaben im vorgeheizten Backofen bei 180 Grad etwa 40 bis 60 Minuten backen.

Der Moppen-Onkel

Zu einiger Berühmtheit brachte es der Urheber dieses Rezepts, der Moppen-Onkel Johann Hermann Vajen. Er bot die beliebten Bremer Moppen Anfang des 20. Jahrhunderts auf dem Freimarkt an. Schon Paula Modersohn-Becker kaufte sich angeblich gerne das pfeffernussartige Gebäck. Ob man die Moppen heutzutage noch irgendwo kaufen kann, ist unbekannt.
Selbst backen kann man sie auf jeden Fall – und damit eine Bremer Tradition aufleben lassen.

Bremer Moppen

750 g Mehl
500 g Zucker
2 g Nelkenpulver
4 Eier
2 EL Milch
7 g Pottasche (Kaliumkarbonat)
30 g geschälte Mandeln
Fett und Semmelbrösel für das Backblech

Mehl, Zucker, Nelkenpulver und Eier in einer Schüssel verkneten, anschließend die mit Milch verrührte Pottasche hinzufügen. Aus dem Teig pfeffernussgroße Kugeln formen und diese mit den Mandeln verzieren.

Das Backblech fetten und mit Semmelbröseln bestreuen. Die Moppen bei 225 Grad auf der oberen Schiene für 15 Minuten backen.

Kaffeesieren

Kaffeesieren nennt es der Bremer, wenn er es sich mit Kaffee und Kuchen gemütlich macht.
Die Schneemustorte ist eine Bremer Spezialität, die sich dazu perfekt anbietet. Die halbgefrorene Kalorienbombe ist dabei vor allem im Sommer ein Gedicht. Inzwischen wird sie auch in anderen Geschmacksrichtungen angeboten, zum Beispiel Zitrone, Erdbeere oder Schokolade.

Schneemustorte

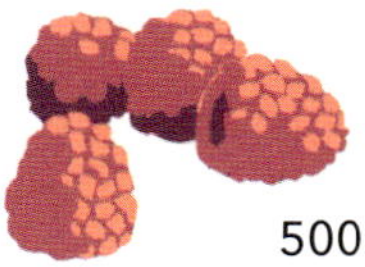

2 Eiweiß

2 EL Zitronensaft

200 g Puderzucker

500 g Himbeeren (frisch oder TK)

750 ml Schlagsahne

Eiweiß mit Zitronensaft und Puderzucker steif schlagen.

Den Ring einer Springform auf ein mit Backpapier ausgelegtes Backblech setzen und entlang der Form einen Kreis zeichnen. Ring entfernen. Anschließend die Hälfte der Eiweißmasse genau in den gezeichneten Kreis geben (am besten mit einem Spritzbeutel). Das Ganze mit der restlichen Masse auf einem zweiten Backblech wiederholen. Die Böden im Backofen bei 50 Grad für etwa 2 Stunden trocknen lassen. Nach einer Stunde beide Böden wenden. Am Schluss herausnehmen und abkühlen lassen.

12 Himbeeren zurücklegen. Übrige Himbeeren pürieren und durch ein Sieb geben. 500 ml Sahne sehr steif schlagen (evtl. Sahnesteif zugeben) und vorsichtig mit der Himbeermasse verrühren. Einen der Baiserböden in die mit Backpapier ausgelegte Springform legen.

Den Rand der Form ebenfalls mit Backpapier auslegen und die Himbeersahne in die Form füllen. Zweiten Boden auflegen und vorsichtig festdrücken.

Torte im Gefrierfach etwa 2,5 Stunden kühl stellen. Anschließend mit übriger geschlagener Sahne und den restlichen Himbeeren verzieren.

Tradition auf dem Backblech

Dieser Wickelkuchen ist ein sehr typisches Bremer Gebäck. Das Rezept basiert auf dem Original aus dem traditionellen *Bremer Kochbuch* des Bremer Frauen-Erwerbs- und Ausbildungsvereins aus dem Jahr 1949.
Bei der Füllung gibt es noch viele weitere Varianten, beispielsweise mit Mohn und Marzipan.

Bremer Wickelkuchen

500 g Mehl

50 g Hefe

250 ml warme Milch

100 g Butter

50 g Zucker

150 g Zucker

100 g gestiftelte Mandeln

200 g Rosinen

150 g Butter

etwas Zimt und Zitronenschale

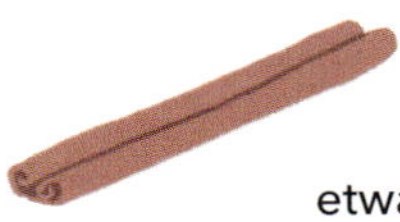

Aus Mehl, Hefe, Milch, Zucker und Butter einen Hefeteig bereiten und diesen ruhen lassen, bis er schön aufgegangen ist. Teig zu einem länglichen, etwa ½ cm dicken Rechteck ausrollen und mit Butter bestreichen.

Zucker, Mandeln, Rosinen, Butter, Zimt und Zitronenschale miteinander vermischen und auf den ausgerollten Teig streichen. Den Teig aufrollen, noch einmal ruhen lassen. Zum Schluss den gerollten Teig an der Oberseite mehrfach einschneiden. Im vorgeheizten Backofen bei 180 Grad Ober-/Unterhitze für etwa 40 bis 50 Minuten backen.

Erinnerungen …

Ein Tipp von einer Bremer Großmutter: Wenn man die Butter vorher ein wenig salzt, bekommt der Butterkuchen einen ganz besonderen Pfiff.

Welcher Bremer erinnert sich nicht an Nachmittage mit der Familie und einem Blech leckeren Butterkuchen in der Mitte des Tisches? Bevorzugt natürlich an Geburtstagen, aber auch am Wochenende, wenn die ganze Familie im Wohnzimmer beisammen saß und der herrliche Duft des Kuchens aus der Küche strömte …
Eine schöne Erinnerung und ein noch viel größerer Genuss!

Butterkuchen nach Bremer Art

500 g Mehl
250 ml Milch
1 Würfel Hefe
50 g Zucker
100 g Butter
1 Ei
1 Prise Salz

200 g Butter
50 g Puderzucker
1 EL Honig
100 g gehobelte Mandeln
100 g Zucker

Milch erwärmen, davon die Hälfte zusammen mit Zucker, Hefe und einem Esslöffel Mehl zu einem Vorteig verarbeiten. Restliches Mehl dazugeben, Teig für 20 Minuten gehen lassen. In der restlichen Milch die Butter auflösen und die übrig gebliebenen Zutaten gemeinsam mit dem Vorteig verkneten. Wieder mindestens 20 Minuten gehen lassen, bis der Teig die doppelte Größe erreicht. Anschließend auf einem eingefetteten Backblech ausrollen. Mit einer Gabel kleine Löcher in den Teig piken. Noch mal 10 Minuten ruhen lassen.
Butter schmelzen, Puderzucker und Honig dazugeben. Kleine Vertiefungen in den Teig drücken, die Buttermischung einfüllen und mit einem Pinsel verstreichen. Mit Mandeln und Zucker bestreuen. Bei 220 Grad Ober-/Unterhitze für 12 bis 15 Minuten backen.

Weihnachtliche Hörnchen

Wer möchte, kann die kleinen Hörnchen mit Sahne oder Früchten füllen. Traditionell isst man sie allerdings ohne Füllung – und besonders gerne zur Weihnachtszeit. Der Krullkuchen ist auch als »Neujahrskuchen« oder »Krüllkuchen« bekannt. Im Emsland und Ostfriesland wird das Gebäck zum Neujahrstag zubereitet und gegessen. Ob Weihnachten oder Neujahr – in jedem Fall ein leckerer Brauch für die ganze Familie.

Krullkuchen

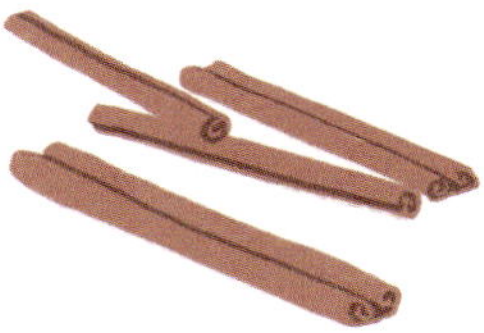

125 g Butter

1 Ei

250 g Kandiszucker

250 ml Wasser

500 ml Milch

500 g Mehl

Gewürze nach Geschmack (z. B. Vanille, Zimt oder Anis)

Zucker und Butter in warmem Wasser auflösen und abkühlen lassen. Die übrigen Zutaten dazugeben und etwas ruhen lassen. Einen Esslöffel Teig in den Hörnchenautomaten geben, goldbraun backen und mit der Gabel sofort zu einem kleinen Trichter rollen.

Wer keinen Hörnchenautomaten hat, kann auch ein Waffeleisen benutzen.

Register

Julia Beutling arbeitet als freiberufliche Illustratorin in Berlin und teilt ihr Leben mit Kaninchen und Schnecken. Sie studierte Visuelle Kommunikation und hat eine Schwäche für Fantastisches. Außerdem beschäftigt sie sich ausführlich mit alternativen Kochmethoden. Mit ihrem Projekt *Vegan Food Illustration* kombiniert sie ihre Liebe zu gutem Essen, schönen Farben und allen Tieren zu Rezepten, die Lust aufs Ausprobieren machen.

Die Deutsche Nationalbibliothek verzeichnet diese Publikation in der Deutschen Nationalbibliografie; detaillierte bibliografische Daten sind im Internet über http://dnb.dnb.de abrufbar.

www.schuenemann-buchverlag.de

3. Auflage 2024

Texte: Corinna Fritsch
Illustrationen: Julia Beutling
Gesamtherstellung: Carl Schünemann Verlag

Printed in EU 2024 | ISBN 978-3-7961-1046-7

Druckprodukt mit finanziellem
Klimabeitrag
ClimatePartner.com/12995-2401-1019